Vente du 25 Mars 1892

TABLEAUX

Anciens et Modernes

GALERIE SEDELMEYER

PARIS

PARIS

IMPRIMERIE GÉNÉRALE LAHURE

9, RUE DE FLEURUS, 9

CATALOGUE

DE

TABLEAUX

Anciens et Modernes

CATALOGUE

DE

TABLEAUX

Anciens et Modernes

PAR

COROT, HEILBUTH, ISABEY, JACQUET, J.-P. LAURENS, WILLEMS, ZIEM,
BOUCHER, CANALETTO,
GUARDI, CHARDIN, PIERRE LONGHI, G. NETSCHER, NIC. POUSSIN,
ROSLIN, TIEPOLO, ETC.

PROVENANT DE COLLECTIONS PARTICULIÈRES

ET DONT LA VENTE PUBLIQUE AURA LIEU A PARIS

GALERIE SEDELMEYER

4 bis, Rue de la Rochefoucauld, 4 bis

Le Vendredi 25 Mars 1892

A 3 HEURES PRÉCISES

Par le ministère de Me **PAUL CHEVALLIER,** Commissaire-Priseur
10, rue Grange-Batelière, 10

ET SOUS LA DIRECTION DE

M. **CHARLES SEDELMEYER**
6, rue de la Rochefoucauld, 6

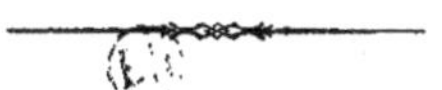

EXPOSITION PARTICULIÈRE	EXPOSITION PUBLIQUE
Le Mercredi 23 Mars 1892	Le Jeudi 24 Mars 1892

DE 1 HEURE A 5 HEURES

Ce Catalogue se distribue à

PARIS. . . . . . . Chez **Me Paul Chevallier**, 10, rue Grange-Batelière.

— . . . . — **M. Charles Sedelmeyer**, 6, rue de la Rochefoucauld.

LONDRES. . . . . — **MM. Boussod, Valadon et Cie**, 117, New Bond Street.

NEW-YORK. . . . — — **M. Knoedler et Cie**, 170, Fifth Avenue.

CHICAGO. . . . . **The Art Institute.**

CONDITIONS DE LA VENTE

Elle sera faite au comptant.

Les acquéreurs payeront *cinq pour cent* en sus des adjudications, applicables aux frais.

TABLEAUX MODERNES

COROT

(J. B. C.)

1 — Paysage, effet de matin.

Sur un terrain entrecoupé de flaques d'eau et couvert de gazon encore humide de la rosée du matin, s'élève au second plan, à droite, un bouquet de grands arbres, au pied duquel paissent deux vaches.

A gauche, une paysanne marchant au travers des herbes.

Au fond, au delà d'un petit groupe d'arbres, on aperçoit la ligne blanche d'un lac et quelques maisons au pied d'une colline.

Ciel couvert de légers nuages clairs.

Signé à gauche : *Corot.*

Toile. Haut. 37 1/2 cent.; larg. 43 cent.

COROT

(J. B. C.)

2 — Les Carrières de Syracuse.

Derrière quelques arbres dont on ne voit que la cime, et des rochers couverts de végétation, s'élèvent perpendiculairement deux hautes falaises, séparées par une gorge étroite et profonde.

Sur le haut on aperçoit une tour carrée, des arbres et une route blanche, vivement éclairés par le soleil.

Signé à droite : *J.C.* 1827.

Bois. Haut. 23 cent.; larg. 32 cent.

CROME

(JOHN BERNAY)

DIT CROME LE JEUNE

3 — Paysage ; clair de lune.

La pleine lune se lève dans un ciel couvert de nuages légers et inonde de sa pâle lumière un fleuve sur lequel circulent des barques et des bateaux à voiles.

Elle fait également ressortir un moulin à vent, au bord du fleuve, sur la berge qui descend à pic. Presque au niveau de l'eau, est arrêté un cavalier accompagné d'un chien, et à côté de lui est un homme debout.

Au fond, on aperçoit un autre moulin à vent et les toits d'un village situé au bord de l'eau.

Signé à gauche.

Toile. Haut. 43 cent. : largeur 61 1/2 cent.

DUCROS

4 — Après le souper.

Assis dans un canapé, près d'une table sur laquelle on voit encore les restes d'un festin, un vieillard est profondément endormi.

Deux femmes masquées, l'une en costume bleu, une toque bleue sur la tête, et l'autre en noir, les cheveux poudrés, la figure cachée par un loup, gagnent furtivement la porte.

Signé à gauche : *A. Ducros*, Roma, 73.

Bois. Haut. 37 cent. ; larg. 48 1/2 cent.

FICHEL
(EUGÈNE)

5 — Le Prestidigitateur.

Dans une auberge sont réunis douze personnages, assis à table ou debout, portant le costume du siècle dernier.

Ils suivent avec attention les gestes d'un prestidigitateur qui, debout devant une table, se prépare à exécuter ses tours.

A gauche, devant la cheminée, le cuisinier, et l'aubergiste qui s'avance pour servir du pain et du vin à ses hôtes.

Au fond, un escalier en bois conduisant à une porte au premier.

Dans le mur, au fond à droite, une petite porte ouverte à travers laquelle on aperçoit la campagne.

Signé à gauche : *F. Fichel*, 1884.

Bois. Haut. 37 cent.; larg. 54 cent.

GRANET

(FRANÇOIS-MARIUS)

Né à Aix (en Provence) le 17 décembre 1775. — Mort dans la même ville le 21 novembre 1849.

6 — La Maison de Michel-Ange, à Rome.

A droite, un large escalier, où est assis un jeune homme avec un carton à dessins, conduit à l'étage supérieur, où l'on aperçoit deux personnages.

A gauche, dans un corridor aboutissant à une cour, un homme en blouse bleue lit, debout et appuyé contre le pilier de l'escalier.

Au fond, sous un portique, une fontaine à laquelle boit un jeune garçon.

Au-dessus du pilier, entre les deux arcades, se trouve le buste de Michel-Ange.

Signé à gauche.

Toile. Haut. 73 cent. ; larg. 60 cent.

Collection de la DUCHESSE DE BERRY.
— de ROXARD DE LA SALLE (de Nancy).

HEILBUTH

(FERDINAND)

7 — Dans l'herbe.

Enveloppée dans son châle, une jeune femme, la joue appuyée sur sa main gauche, est couchée sur l'herbe, lisant un livre que sa main droite tient ouvert.

Elle est coiffée d'un chapeau de paille gris, orné de plumes; ses cheveux, châtains, lui tombent en boucles sur le dos.

Au travers de deux buissons de rhododendrons s'épanouissant des deux côtés, on aperçoit un lac.

Signé à droite : *F. Heilbuth.*

Toile. Haut. 41 cent.; larg. 61 cent.

ISABEY

(EUGÈNE)

8 — Une Côte en Normandie.

A gauche, la côte, avec un village de pêcheurs, plusieurs barques et un bateau en construction. A droite, la mer, sur laquelle s'avance un voilier. Au premier plan, quatre pêcheurs sont occupés à haler un grand canot à terre.

Un ciel mouvementé, annonçant l'approche d'une tempête.

Signé à gauche : *E. Isabey*, 1840.

Toile. Haut. 45 cent.; larg. 61 cent.

JACQUET

9 — Buste de Jeune Fille.

La tête tournée de trois quarts, vers la gauche, une jeune fille aux cheveux châtains relevés sur le front.

Autour des épaules elle a un manteau bleu à grands plis, laissant le cou et la poitrine décolletés.

Fond ciel.

Toile. Haut. 60 1/2 cent.; larg. 49 cent.

LAURENS

(JEAN-PAUL)

10 — Une Victime des Borgia.

Dans une pièce meublée d'un fauteuil au-dessous d'un baldaquin, de deux chaises et d'une armoire sur laquelle est placé un crucifix, le cadavre d'un cardinal est étendu à terre, vu en raccourci, la tête en avant.

L'assassin, tenant dans la main gauche une grande épée, écarte un rideau et regarde sa victime.

Signé à droite : *J.-Paul Laurens.*

Toile. Haut. 64 1/2 cent.; larg. 51 cent.

MICHEL
(GEORGES)

11 — Le Coup de vent.

Dans un paysage dénudé, à l'horizon lointain, un saule au tronc rugueux est planté au bord d'un chemin, sur lequel passent plusieurs personnages.

La tempête chasse les nuages sombres et fait ployer les branches de l'arbre.

Toile. Haut. 50 cent.; larg. 65 cent.

MICHEL
(GEORGES)

12 — Le Moulin à vent.

Dans un paysage, le moulin est placé sur un terrain élevé, de couleur jaunâtre, vivement éclairé par le soleil qui perce un ciel de tempête.

Toile. Haut. 48 cent.; larg. 65 cent.

PERALTA

(FRANÇOIS)

13 — Une Scène galante.

Dans un intérieur espagnol, un toréador assis sur une chaise, couverte de son manteau rouge, tient dans sa main celle d'une jeune fille.

A gauche, devant une porte, une vieille femme endormie sur une chaise.

Dans l'entrebâillement de la porte, on aperçoit un homme coiffé d'un bicorne, qui écoute, et dont le jeu de physionomie trahit une surprise désagréable.

Au fond, sur le mur, une guitare, près d'une affiche verte annonçant les courses de taureaux, une glace et quelques gravures encadrées.

Signé à gauche : *Francisco Peralta*, Roma, 1873.

Bois. Haut. 35 cent.; larg. 45 cent.

ROBERT FLEURY

14 — Rembrandt peignant la Susanne au bain.

Dans son atelier faiblement éclairé par une fenêtre à gauche, Rembrandt, assis devant un chevalet, est occupé à peindre une femme nue, en pleine lumière, sur une estrade couverte d'un tapis rouge et d'une étoffe jaune, les vêtements ramassés autour de ses reins, dans l'attitude d'une personne qui va descendre dans un bain.

A côté d'elle est agenouillée une femme de garde.

Près de ce groupe, sur l'estrade, une cassette en ivoire sculpté, dont le couvercle entr'ouvert laisse échapper un collier de perles. A côté, un sabre dans une gaine rouge, un poignard et un calice richement orné de pierreries.

Au fond, derrière un tambour posé par terre, on voit l'esquisse de la *Ronde de nuit*.

Signé à gauche : *Robert Fleury*.

Toile. Haut. 80 1/2 cent. ; larg. 99 cent.

ROYBET

15 — Le Paresseux.

Un jeune page est assis sur un banc de pierre aboutissant à une colonne de marbre. Vêtu d'un pourpoint rose à petites fleurs, d'une culotte rouge collante et de souliers noirs, il appuie sa tête, renversée en arrière, sur sa main gauche, et s'étire le bras droit, tout en bâillant fortement. A côté de lui, sur le banc, sont placés un manteau noir et un livre à images, ouvert.

Signé à gauche : *F. Roybet.*

Toile. Haut. 40 cent. ; larg. 31 1/2 cent.

STEVENS

(ALFRED)

16 — Côte près du Havre.

A gauche, la falaise, de couleur rougeâtre, et quelques constructions. Au fond, à droite, au bord de la mer, quelques fabriques. Ciel orageux.

Signé à gauche : *A Stevens.*

Toile. Haut. 65 cent. ; larg. 80 cent.

WILLEMS

(FLORENT)

17 — Partie de musique.

Une jeune femme blonde, vue de profil, vêtue d'une robe en satin blanc, est assise dans un fauteuil, jouant de la guitare.

A côté d'elle, de face, est une autre jeune femme en robe de satin bleu turquoise, un ruban jaune autour de la taille et un fichu blanc sur les épaules, debout, appuyée contre une table couverte d'un tapis oriental et sur laquelle est posée une carafe avec deux tulipes.

Signé à droite : *F. Willems.*

Bois. Haut. 67 cent. larg. 48 1/2 c cnt

ZIEM

(FÉLIX)

18 — L'Entrée du Jardin public à Venise.

Un large escalier, entre deux balustrades, au bord de l'eau, conduit à une avenue formée par de grands arbres dont le feuillage, d'un jaune rouge, est éclairé par les rayons d'un chaud soleil d'après-midi.

Sur l'eau, trois gondoles arrêtées.

Signé.

Toile. Haut. 52 1/2 cent.; larg. 82 1/2 cent.

ZIEM

(FÉLIX)

19 — Vue du Jardin public à Venise.

Au premier plan la lagune, sur laquelle s'avance rapidement une gondole. Remplissant le fond de la composition, la façade du jardin, dont les arbres au feuillage jauni se reflètent dans l'eau.

A droite et à gauche, quelques barques à voiles.

Signé à droite : *Ziem.*

Toile. Haut. 36 cent.; larg. 56 cent.

ZIEM

(FÉLIX)

20 — Vue de Venise.

Une grande barque de pêcheurs est à l'ancre dans la lagune. Ses deux voiles rouges se reflètent sur la surface unie de la mer.

Au fond, le Palais des Doges et le Campanile, éclairés par le soleil.

Signé à droite : *Ziem.*

Bois. Haut. 31 1/2 cent.; larg. 23 1/2 cent.

TABLEAUX ANCIENS

BELLOTTO

(BERNARD)

Né vers 1720. — Mort à Venise en 1780.

21 — Une Place publique à Vérone.

Une place couverte de gazon et sur laquelle circulent un certain nombre de personnages, bordée à gauche par une construction qui paraît être un marché; au fond, trois églises et des maisons particulières; à droite, d'autres maisons, dont l'une avec un petit jardin entouré d'une clôture en planches.

Effet de soleil.

Toile. Haut. 87 1/2 cent.; larg. 1 m. 47 1/2 cent.

BRAKENBURGH

(RICHARD)

Né en 1650. — Mort en 1702. Haarlem.

22 — Une Famille hollandaise.

Composée de cinq personnes, elle est réunie dans un parc, sur une sorte de terrasse pavée de larges dalles en marbre et bordée d'une balustrade.

La mère, jeune encore, vêtue d'une robe verte et d'un corsage brun bordé de noir, un col de dentelles autour du cou, est assise à droite contre la balustrade.

Elle tient dans sa main droite la main de son plus petit enfant et de la gauche une orange; à sa droite est debout son aîné avec un petit chien en laisse; un oiseau est perché sur sa main gauche.

Le père, debout derrière la balustrade, est vêtu de noir. Une main repliée sur sa poitrine s'appuie sur quelques livres posés sur la balustrade. Devant lui, au premier plan, est assis sur un coussin le troisième enfant, qui regarde le spectateur. A gauche, la cage d'un perroquet qui, lui-même, se trouve sur le perchoir à côté.

Au fond, on voit un parc, avec de beaux arbres, de grands vases et un dôme au lointain. Une colonne à droite, entourée d'un rideau rouge, complète la composition.

Signé à gauche : *R. Brakenburgh, f. 1685.*

Toile. Haut. 69 1/2 cent. ; larg. 91 1/2 cent.

BREUGHEL
(JEAN)
DIT DE VELOURS

Né en 1568. — Mort en 1625. Bruxelles.

23 — Paysage.

Au premier plan, sur la route, un cheval blanc attelé à une charrette, près de laquelle se tiennent quatre figures.

A gauche, un bouvier conduit des vaches au pâturage.

Au fond, les maisons du village, entourées d'arbres.

Bois. Haut. 31 cent.; larg. 44 cent.

BOUCHER
(FRANÇOIS)

1704 — 1770. Paris.

24 — Le Bât.

(CONTE DE LA FONTAINE)

Un jeune peintre est agenouillé devant la femme de son confrère, entièrement déshabillée au milieu de l'atelier, et montrant du doigt un âne qui est dessiné sur une toile posée sur un chevalet, au fond.

Toile. Haut. 40 cent.; larg. 32 cent.

Collection du Baron de Beurnonville, 1883.

BOUCHER

(FRANÇOIS)

25 — Allégorie de la Peinture.

Un petit amour, assis dans les nuages, dessine sur une feuille de papier posée sur des cartons, derrière lesquels se trouve un autre amour, occupé à retourner cette feuille.

A gauche de ce groupe est un carton à dessins, et à droite une palette avec des pinceaux.

Au fond, l'esquisse d'un tableau sur un chevalet.

Toile. Haut. 88 1/2 cent.; larg. 79 1/2 cent.

BOUCHER

(FRANÇOIS)

26 — Allégorie de la Sculpture.

Appuyé contre le buste d'une jeune fille est assis un amour tenant un ciseau à la main.

A gauche est un autre amour qui montre du doigt un bas-relief par terre, à côté d'un masque.

Pendant du tableau précédent.

Toile. Haut. 88 1/2 cent. ; larg. 79 1/2 cent.

CANALE

(ANTONIO)

DIT LE CANALETTO.

Né à Venise en 1697. — Mort dans la même ville en 1768.

27 — La Place Saint-Marc, Venise.

Le soleil, venant de droite, éclaire vivement toute la place, le bâtiment à gauche, le Campanile, et, juste en face, la superbe église Saint-Marc, qui apparait ici dans toute sa splendeur. Un grand nombre de personnages circulent sur la place.

Ciel bleu clair, couvert de quelques nuages, reflétant le soleil.

Œuvre de tout premier ordre, d'une étonnante précision de dessin, d'une grande justesse de valeurs et d'un aspect des plus agréables.

Toile. Haut. 68 cent.; larg. 1 m. 1 cent.

CANALE

(ANTONIO)

DIT LE CANALETTO

28 — Saint-Georges-Majeur, Venise.

Toute la façade de l'île, avec la belle église, le dôme, le Campanile et les bâtiments de couleur rougeâtre à droite, vivement éclairés par le soleil et se reflétant dans l'eau, sur laquelle se voient un grand nombre de gondoles, de barques et de bateaux marchands.

La composition est fermée à droite par le bâtiment de la Douane, et à gauche, au fond, par la pointe du quai des Esclavons.

Très beau tableau du maître.

Toile. Haut. 62 cent.; larg. 98 cent.

CANALE

(ANTOINE)

DIT LE CANALETTO

29 — Ruines au bord de la mer.

A droite, un pavillon monumental, auquel est adossé un pont voûté. Au-dessus de ce pont on aperçoit des arbres.

Au fond, un arc en ruines, couvert de végétation, qui relie le pavillon à la rive opposée. Devant cet arc se trouve un petit pont en bois sur lequel passent un homme, une femme et un enfant.

Sur le rivage, à gauche, dans un pli de terrain, une maison et une tour accompagnée d'une colonnade.

Sur l'eau qui baigne ces constructions, plusieurs petites barques avec des personnages. Au fond, on voit, à travers l'arc, la mer, qui se perd à l'horizon.

Ciel bleu, couvert de quelques nuages.

Toile. Haut. 99 cent.; larg. 98 cent.

CHARDIN

(J-B. SIMÉON)

Né à Paris en 1699. — Mort dans la même ville en 1779

30 — Nature morte.

Sur un rebord de pierre, au premier plan, sont posés : une pomme, un œuf, un biscuit, une pêche et une noisette. Au second plan, une bouteille à moitié remplie de vin rouge, un panier de prunes et un pot de grès.

Signé à droite, sur le bord de la pierre : *S. Chardin,* 1768.

Tableau des plus précieux du maître.

Toile. Haut. 30 cent.; larg. 39 cent.

COQUES

(GONZALÈS)

(Attribué à)

31 — Portrait du général Fairfax.

Assis sur un cheval blanc qui se cabre, il tient de la main droite le bâton de commandement.

Tête nue, une collerette blanche autour du cou, il porte une armure, et autour de la taille une grande écharpe rouge qui flotte en arrière.

Toile. Haut. 89 cent.; larg. 75 cent.

GUARDI

(FRANCESCO)

Venise, 1712-1798

32 — La Fête du « Bucentaure ».

Le peintre a choisi le moment où la fête annuelle est dans son plein.

Le Grand Canal est couvert de riches gondoles, de barques, de canots élégants, tous pleins de personnages aux brillants costumes, dont les vives couleurs ressortent sur l'eau sombre du canal.

Les palais fourmillent de monde aux fenêtres et jusque sur les toits, ce qui donne à la fête une animation extraordinaire.

Le *Bucentaure*, sorte de galère de parade, est au fond vers le centre, et forme une estrade d'où le doge va jeter l'anneau à la mer pour consacrer son mariage avec l'Adriatique.

Très importante composition du maitre, d'une grande vigueur d'exécution et d'une puissance de couleur qui rappelle les grands coloristes vénitiens.

Toile. Haut. 1 m. 18 cent.; larg. 1 m. 65 cent.

Collection Febvre, Paris.
— P. Crabbe, Bruxelles.

GUARDI
(FRANCESCO)

33 — La Plaçe Saint-Marc, à Venise.

La vue est prise du côté de l'église Saint-Marc, de sorte qu'on voit les bâtiments qui lui font face et ceux qui bordent la place à droite et à gauche.

Sur la place, vivement éclairée par le soleil, se trouvent un grand nombre de personnages, et au centre sont trois marchands, établis sous de grands parasols blancs.

L'effet de soleil est rendu avec une vérité frappante dans ce tableau, qui est d'une tonalité chaude et agréable.

Toile. Haut. 46 cent.; larg. 64 cent.

GUARDI

(FRANCESCO

34 — Saint-Georges-Majeur, à Venise.

A gauche, au delà du canal, que sillonnent un grand nombre de gondoles, se détache, sur un ciel légèrement voilé de nuages, l'église avec son dôme, le Campanile et les bâtiments qui l'entourent.

Plus loin, à droite, la « Giudecca », et, entre les deux îles, le chenal qui mène à la pleine mer.

Très belle qualité.

Toile. Haut. 46 cent.; larg. 80 cent.

HALS

(DIRK)

Né à Haarlem avant 1660. — Mort dans la même ville en 1686.

35 — La Conversation.

Dans un intérieur sont réunis autour d'une table, soit debout, soit assis, onze personnages, qui viennent de terminer un joyeux repas.

Au centre est assis sur une chaise un jeune homme, vu de face, qui chante, un verre de vin à la main.

A gauche, un jeune homme tient de sa main levée une cafetière dont il verse le contenu dans un verre.

A droite, une cheminée; au fond, un buffet et une porte.

Bois. Haut. 39 cent.; larg. 77 cent.

JANSON VAN CEULEN

Né vers 1590. — Mort vers 1665.

36 — Portrait de jeune femme.

Elle est représentée à mi-corps, dans un ovale, vue de trois quarts, la tête encadrée de cheveux châtains, avec une large collerette transparente qui lui tombe sur les épaules, laissant le cou et la poitrine découverts. Autour du cou, un collier de perles.

Le corsage, blanc et noir, est orné d'un autre collier qui, partant d'un nœud sur la poitrine, lui entoure les épaules.

Signé à droite : *J. fecit.* 1626.

Bois. Haut. 77 1/2 cent.; larg. 61 cent.

LANCRET

(Genre de)

37 — Scène champêtre.

Dans un parc, une jeune femme, tenant un verre, danse avec un jeune garçon qui porte une bouteille.

Au second plan, deux couples, en galante conversation, sont assis sur des bancs en pierre. Vers le fond, deux musiciens, dont l'un joue de la basse et l'autre de la vielle, et un arlequin masqué. A droite, près d'une table, deux valets et une jeune fille tenant un panier de raisins.

Sur le sol du premier plan, un jeune homme, en habit et culotte rouges; à côté, des grappes de raisins et deux chiens.

Jolie peinture de l'époque de Lancret. La même composition, peinte par Lancret, est gravée.

Toile. Haut. 98 cent.; larg. 88 cent.

LARGILLIÈRE

(NICOLAS DE)

Né à Paris en 1656. — Mort en 1746.

38 — Portrait d'un gentilhomme.

Vu jusqu'à la ceinture. La tête, presque de face, imberbe, est encadrée par une monumentale perruque grise, poudrée.

Il porte une cravate blanche à bouts de dentelle et est drapé dans un manteau de velours violet doublé de soie jaune.

Fond de paysage.

Toile. Haut. 87 cent. ; larg. 66 cent.

LE MESLE

(P.)

XVIIIe siècle.

39 — Le Cuvier.

Dans une grange, un jeune cavalier, vêtu d'un costume princier, caresse une jeune et jolie femme, adossée à un tonneau dans lequel on voit le tonnelier, en train de racler l'intérieur.

Peinture d'une facture spirituelle et d'une belle coloration. Elle a été toujours attribuée à Lancret, mais au bas d'une gravure que Filleul a faite d'après ce sujet, en 1730, se trouve le nom du peintre ci-dessus.

Toile. Haut. 45 cent.; larg. 55 cent.

LONGHI

(PIERRE)

Né en Venise en 1702. — Mort en 1762.
Les huit tableaux suivants représentent des scènes tirées de l'histoire d'une jeune fille.
Ils proviennent de la Collection du Prince de Collalto.

40 — Le Marchand de polenta.

Debout, derrière un petit tonneau sur lequel est posée une terrine en grès, remplie de polenta, le marchand est entouré de ses jeunes clients, quatre gamins, dont deux sont en train de manger.

A droite, au second plan, deux jeunes filles dont l'une montre du doigt le groupe.

Toile. Haut. 60 cent.; larg. 49 cent.

LONGHI

(PIERRE)

41 — La Danse.

Dans un intérieur rustique, deux jeunes filles dansent au son de la flûte. Le musicien est un jeune homme qui est assis sur un tabouret, au premier plan.

Derrière les jeunes filles, à gauche, une vieille femme qui file, et, à droite, un garçon avec un bâton.

Une composition analogue est gravée à l'eau-forte par le peintre lui-même.

Toile. Haut. 60 cent.; larg. 49 cent.

LONGHI

(PIERRE)

42 — La Jeune dévideuse.

Au centre, une jeune paysanne est assise près d'un dévidoir. A droite, au premier plan, vue de profil, une vieille femme est occupée à filer, tenant sa quenouille sous le bras.

Au second plan, trois jeunes gens, dont l'un joue de la mandoline et l'autre élève son verre pour boire à la santé de la jeune fille.

Au second plan, un vieillard est assis sur une chaise.

Toile. Haut. 60 cent.; larg. 49 cent.

LONGHI

(PIERRE)

43 — Le Tambourin.

Une jeune femme, en robe rose, corsage blanc décolleté, fichu blanc très long sur les épaules, est assise, vue de face, près d'une table sur laquelle son bras gauche est accoudé.

A côté d'elle une autre jeune femme moins richement vêtue, occupée à retourner de la salade dans un plat.

A gauche de ce groupe, deux personnages : au premier plan, la tête tournée à droite, vers le spectateur, une femme frappant sur un tambourin ; au second plan, vers le fond, près de la jeune femme, un homme debout qui porte un habit jaune richement brodé, un manteau gris et un tricorne.

Au premier plan, à droite, un escabeau, et, suspendue au plafond, une cage en osier avec un oiseau.

Toile. Haut. 60 cent. ; larg. 49 cent.

LONGHI
(PIERRE)

44 — La Présentation.

Une jeune fille est debout au milieu de la chambre, vêtue d'une robe jaune qui laisse la poitrine décolletée. La main sur sa poitrine, elle se regarde dans une glace que lui présente un jeune homme, à sa gauche, coiffé d'un tricorne et vêtu d'un habit rouge sous un manteau gris.

A gauche de ce groupe, au premier plan, un vieillard sur sa chaise, portant une ample robe noire et une perruque à longues boucles, examine attentivement, à travers un lorgnon, la jeune personne.

A droite, deux servantes tenant dans leurs mains un manteau et des accessoires de toilette. Au fond, sur le mur, le portrait d'un personnage.

Toile. Haut. 60 cent.; larg. 49 cent.

LONGHI

(PIERRE)

45 — La Visite.

Une jeune femme, vêtue d'une robe blanche, coiffée d'un tricorne, le visage entouré de dentelles, une mante noire sur les épaules, est assise sur une chaise, et cause avec une autre dame, vue de profil, les cheveux poudrés, habillée de jaune, qui a pris place sur un tabouret, à gauche, et tient un petit chien.

Derrière elles, un abbé debout, la main droite dans son gilet, et son chapeau sous le bras gauche.

Par une porte, à droite, entre un domestique qui apporte des rafraîchissements sur un plateau.

Toile. Haut. 60 cent.; larg. 49 cent.

LONGHI

(PIERRE)

46 — Les Masques.

Une femme masquée, en robe de satin blanc à paniers, grand manteau gris à broderies d'or, dentelle noire sur les épaules, coiffée d'un tricorne noir et le visage caché par un loup blanc, s'avance vers le spectateur, tenant un éventail dans ses mains gantées de blanc. Un homme masqué se tient à droite, derrière elle, la tête couverte d'un tricorne et également d'un loup blanc.

A gauche, au premier plan, est assis un autre homme masqué, couvert d'un manteau gris, les mains dans un grand manchon brun.

Derrière lui, au second plan, un serviteur apportant un plat avec des tasses. A droite, vers le fond, une femme masquée.

Fond d'intérieur.

Toile. Haut. 60 cent.; larg. 49 cent.

LONGHI

(PIERRE)

47 — Après le souper.

Derrière une table est assise une jeune femme en robe claire, la poitrine décolletée, portant une rose dans ses cheveux blonds.

De la main gauche elle offre du vin à un vieillard qui, une main sur la poitrine et l'autre, posée sur la table, tenant un verre, est renversé dans son fauteuil.

Derrière ce groupe, vers le fond, est une autre femme debout, qui montre du doigt le vieillard; à gauche, un jeune abbé; et au fond, un buffet, sur lequel sont placés plusieurs plats et des bouteilles.

Toile. Haut. 60 cent.; larg. 49 cent.

LOO

(JACQUES VAN)

Né en Hollande en 1614. — Mort à Paris en 1670.

48 — Portrait de jeune femme.

Elle est représentée debout, la tête nue et vêtue d'une robe noire, avec un fichu blanc sur les épaules. La tête, légèrement tournée à gauche, se détache sur un rideau rouge, derrière lequel on aperçoit une architecture.

Elle porte au cou un collier de perles, avec un médaillon, et sur la poitrine une broche en forme de nœud, enrichie de pierreries.

Le poignet de la main gauche est entouré d'un collier de perles formant bracelet, et de la main droite elle tient un éventail.

Signé à gauche : *J. Van Loo, Ft.*

Toile. Haut. 1 m. 5 cent. ; larg. 91 cent.

MOYNE

(FRANÇOIS LE)

Né à Paris en 1688. — Mort dans la même ville en 1737.

49 — L'Enlèvement de Céphale par l'Aurore.

Céphale, debout, un filet à la main, accompagné d'un lévrier, est arrêté dans sa marche par l'Aurore, qui, assise dans son char sur des nuages, cherche à l'entraîner.

Un amour voltige dans l'air et tire une flèche sur Céphale.

Deux autres amours retiennent les chevaux attelés au char.

Toile. Haut. 94 1/2 cent.; larg. 76 cent.; ovale.

Reproduit dans Charles Blanc. *Histoire des Peintres.*

MOYNE

(FRANÇOIS LE)

50 — Bacchus et Ariane.

Assise sur un rocher au bord de la mer, de la main droite Ariane montre au loin à Bacchus le navire qui emporte Thésée.

Bacchus, debout à côté d'elle, un manteau rouge sur l'épaule, tient une lance de la main gauche, tandis que la droite est posée sur sa poitrine. Une panthère est couchée à ses pieds.

Au-dessus de leurs têtes voltigent deux amours qui allument les flambeaux de l'hyménée.

Pendant du tableau précédent.

Toile. Haut. 94 cent.: larg. 75 cent.: ovale.

NETSCHER

(GASPARD)

Né à Heidelberg en 1639. — Mort à la Haye en 1634.

51 — Portrait de Sir William Temple.

Il est représenté jusqu'au genoux, dans une campagne boisée, s'avançant vers la droite, accompagné d'un lévrier et tenant dans la main droite une lance. La tête est couverte d'une perruque aux cheveux longs, et il est vêtu d'une tunique, serrée à la taille par un ruban bleu.

Signé à droite : *G. Netscher*, 1671.

Toile. Haut. 48 cent. ; larg. 39 1/2 cent.

POUSSIN

(NICOLAS)

Né aux Andelys en 1594. — Mort à Rome en 1665.

52 — Acis et Galatée.

Assis au bord de la mer, les deux amants se tiennent enlacés et s'embrassent.

Deux cupidons, voltigeant dans l'air, soutiennent une draperie rouge pour les cacher au rival d'Acis, le géant Polyphème, qui, assis sur un rocher, joue du chalumeau.

A droite, des néréides, des tritons et des amours prennent leurs joyeux ébats dans l'eau.

Au-dessus de ce groupe voltigent deux amours, dont l'un bande son arc, tandis que l'autre vient de lâcher sa flèche.

Au fond, la côte montagneuse.

Toile. Haut. 97 cent.; larg. 1 m. 30 cent.

Collection du Earl of Spencer.

ROBERT

(HUBERT)

Né à Paris en 1733. — Mort dans la même ville en 1808.

53 — La Tentation de saint Antoine.

Dans un temple antique, dont on aperçoit la colonnade grandiose et délabrée fuyant vers le fond, le saint est agenouillé devant une grosse pierre sur laquelle se trouvent un livre de prières ouvert, une tête de mort, un crucifix et plusieurs autres livres.

Par une porte, à droite, entrent trois jeunes filles qui se dirigent vers un petit autel pour prendre des fleurs dans un vase.

Derrière le saint est un mur qui ferme la colonnade. Sur une échelle, de l'autre côté de ce mur, paraît une quatrième jeune personne qui taquine le saint avec les tiges de roseaux.

Une pierre de ce mur porte la signature : *H. Roberti fecit. . . . . .*
. . . . 1760.

Toile. Haut. 58 1/2 cent.; larg. 71 1/2 cent.

ROSLIN LE SUÉDOIS

(ALEXANDRE)

Né en Suède en 1718. — Mort à Paris en 1793.

54 — Portrait de M. de Choiseul, duc de Praslin.

Il est représenté assis dans un fauteuil, vu à mi-jambes, presque de face, et regardant le spectateur. Vêtu d'un somptueux costume de ministre : habit bleu foncé brodé d'or, culotte noire, bas de soie blancs, il porte un large cordon bleu en sautoir, et sur la poitrine une plaque d'argent en forme d'étoile. Il tient le manuscrit du traité de paix qu'il avait conclu et signé comme ministre plénipotentiaire, à Fontainebleau, en 1762, avec le roi d'Angleterre.

Derrière lui, à gauche, sur une table, deux volumes de l'histoire de France, un encrier, quelques manuscrits et une enveloppe portant l'adresse du « Duc de Praslin, secrétaire d'Etat..., Paris ».

Très beau portrait, d'une grande distinction.

Signé à gauche : *Roslin, Suédois*, 1762.

Toile. Haut. 1 m. 28 cent.; larg. 94 cent.

ROSLIN LE SUÉDOIS

(attribué à)

55 — Portrait de Famille.

Dans un hall, autour d'une table, est assise la famille du châtelain, composée de sept personnes.

Au fond, dans une niche, une grande pendule. Plus haut, entourant l'architecture, un rideau rouge.

A droite, vue sur le parc.

Joli tableau, d'une grande distinction de tons.

Toile. Haut. 62 1/2 cent.; larg. 79 1/2 cent.

TENIERS

(DAVID, LE JEUNE)

Né à Anvers en 1610. — Mort à Perk en 1694.

56 — Le Pêcheur.

Au premier plan coule une rivière formant à droite plusieurs iles boisées, et dont les eaux calmes et limpides reflètent le ciel transparent d'une après-midi d'été. Sur la berge, un pêcheur à la ligne, assis sur un tertre, ayant à ses côtés le produit de sa pêche. Il retourne la tête pour parler à un paysan, portant une coiffure rouge, qui s'appuie sur un bâton. Derrière lui, près de deux saules, un chien semble épier quelqu'un.

La rive opposée, en partie couverte d'arbres, est accidentée. Un homme, vu de dos, entre sous bois. Sur la crête d'une colline on aperçoit un berger entouré de son troupeau.

Signé.

Toile. Haut. 79 1/2 cent.; larg. 1 m. 28 cent.

Collection Van Saceghem.
— Dubus de Gisignies.

TENIERS

(DAVID, LE JEUNE)

57 — La Fuite en Égypte.

La Vierge, l'Enfant Jésus sur ses genoux, et saint Joseph, un livre à la main, sont assis sous un arbre, à gauche. Au premier plan, à droite, une selle posée à terre; plus loin, l'âne couché dans l'herbe, et au delà, entouré d'arbres, un bâtiment qui ressemble à une église, et un pâtre gardant son troupeau.

L'horizon montueux se détache sur un ciel clair.

Sur un rocher, au premier plan, le monogramme *D. T. F.*

Toile. Haut. 67 1/2 cent.; larg. 91 cent.

Collection KALKBRENNER.
— SIMMONET père.

TIEPOLO

(JEAN-BAPTISTE)

Né à Venise en 1693. — Mort dans la même ville en 1769.

58 — Saint Michel.

L'archange, une épée flamboyante à la main, d'un geste furibond précipite les démons dans les ténèbres.

Toile. Haut. 72 cent.; larg. 43 1/2 cent.

VAN UDEN

(LUCAS)

Né à Anvers en 1595. — Mort vers 1672.

ET

TENIERS

(DAVID LE JEUNE)

59 — Paysage avec Figures.

Le paysage est traversé par une chaine de collines boisées qui se perdent à droite dans la plaine. Sur la pente de l'une d'entre elles, un château dans un parc entouré d'un mur en briques.

Au premier plan, un chemin et un ruisseau sur lequel est jeté un petit pont, que traverse un paysan portant un fardeau, et précédé de son chien. A gauche, un groupe de paysans et deux moines dont l'un bénit un enfant.

Ces figures sont peintes par D. Teniers le jeune.

Bois. Haut. 63 cent.; larg. 92 cent.

VLEUGHELS

(NICOLAS)

Né à Paris en 1664. — Mort à Rome en 1732.

60 — La Jument du compère Pierre.

(CONTE DE LA FONTAINE)

Dans un intérieur rustique, un abbé se tient derrière une jeune femme à moitié déshabillée. Son mari, un vieux villageois, regarde attentivement à travers ses lunettes pour voir la métamorphose de sa femme en jument.

Signé à gauche.

Bois. Haut. 29 1/2 cent.; larg. 24 1/2 cent.

WILLE

(P. A.)

XVIIIe siècle.

61 — Scène d'intérieur.

Dans un intérieur, un vieillard portant des lunettes est en train d'enfiler une aiguille. A sa droite est assise, s'appuyant sur un métier à broder, une jeune femme, vêtue de blanc, qui le regarde faire.

Une autre jeune femme, coiffée d'un chapeau de paille orné de plumes, est debout derrière lui et avec ses doigts lui fait des cornes.

Toile. Haut. 55 cent.; larg. 54 1/2 cent.

24347 — PARIS, IMPRIMERIE LAHURE
9, rue de Fleurus, 9

www.ingramcontent.com/pod-product-compliance
Lightning Source LLC
LaVergne TN
LVHW010002230826
846092LV00002B/606

* 9 7 8 2 3 2 9 6 0 9 3 6 2 *